Made in the USA
Monee, IL
27 April 2022

95539052R00056